Layena Bassols Rheinfelder
Klaus Jürgen Becker

DIE SEELE HEILEN MIT ZEICHEN

Layena Bassols Rheinfelder
Klaus Jürgen Becker

DIE SEELE HEILEN MIT ZEICHEN

Soforthilfe bei Ängsten,
Depression oder Stress

nymphenburger

Inhalt

»Die Seele Heilen mit Zeichen« – wie funktioniert das?

Viele verschiedene Sinneswahrnehmungen beeinflussen uns. Wir sind täglich zahlreichen inneren und äußeren Stressoren ausgesetzt. Die Zeit ist deshalb reif dafür, dass wir eine unkomplizierte Hilfe im Umgang mit den täglichen Belastungen erhalten. So wie wir regelmäßig nach dem Essen die Zähne putzen, können wir mithilfe der in dem Buch beschriebenen Methoden auch sofort – unmittelbar nach Auftreten eines Stressors – unsere Seele putzen und so ungeachtet der aktuellen Situation unsere Lebensfreude und Leichtigkeit beibehalten.

> **Wir sind täglich zahlreichen Stressoren ausgesetzt**

Folgender Hinweis ist wichtig: Diese Methode ersetzt keine Psychotherapie. Sie bezieht sich auf akute Empfindungen, nicht auf chronische, psychische Leiden. Es würde den Rahmen dieses Büchleins sprengen, auf alle Themen ausführlich einzugehen. Wir haben die Beschreibung auf einige exemplarische Themen konzentriert. Dieser Ratgeber soll Sie zur eigenen Kreativität ermuntern und mit den Grundprinzipien dieser wirkungsvollen Selbstheilungsmethode vertraut machen.

Zeichen können in Notsituationen helfen. Jedes Zeichen hat eine eigene Schwingung. Alles auf unserer Erde schwingt, nicht nur Menschen, Tiere und Pflanzen, sondern jedes Molekül. Auch unsere Psyche und unsere Gedanken haben eine eigene Schwingung, die sich nonverbal mitteilt. Nicht umsonst spricht man heute von »good vibrations« und meint damit etwas, was eine gute Atmosphäre verbreitet. Unser Organismus reagiert also nicht nur auf äußerliche Situationen, sondern auch auf Schwingungen, die von uns selbst und anderen Menschen ausgehen, harmonisch (verträglich) oder disharmonisch (unverträglich).

Unser Körper-Energie-System bewertet jede Schwingung

Auf Schwingungen, die wir vertragen, reagieren wir mit Behagen, auf solche, die wir nicht vertragen, mit Unbehagen. Es sind nicht die Schwingungen selbst, die uns krank oder gesund machen. Ausschlaggebend ist vielmehr, wie die jeweilige Schwingung von unserem Körper-Energie-System bewertet wird, es entscheidet, ob eine Information uns kränkt, aufbaut oder wirkungslos ist.

Nehmen wir an, Ihr Vorgesetzter ist wütend über Ihre schlechten Leistungen. Je nach Bewertung erleben Sie dies als Bedrohung (kränkend), als Ansporn, um etwas zu ändern (motivierend), oder als eine Emotion, die mit Ihnen nichts zu tun hat (wirkungslos). Nicht die Energie des Vorgesetzten, sondern wie Sie darüber denken, bestimmt, wie Sie sich fühlen.

Ein und dieselbe Situation können wir für oder gegen uns nutzen. Dies gilt auch für Impulse und Gefühle, die aus unserem Inneren aufsteigen.

Nur wenn wir zu einer Emotion, einem Gedanken oder einem Ereignis ein gestörtes Verhältnis haben, fühlen wir uns dadurch belastet. Ihre automatischen Gedanken bilden einen wichtigen Aspekt ab. Dies sind Gedanken, die unbewusst in uns aufsteigen, wenn wir mit Alltagssituationen konfrontiert werden. Diese beeinflussen entscheidend Ihre Sicht der Welt. Erfreulicherweise können Sie Ihr Verhältnis zu den Schwingungen, Emotionen, Gedanken und auch zu den Impulsen, die aus Ihrem Inneren kommen, bereinigen und sogar Ihre automatischen Gedanken »umschreiben«. Hier kommen unsere Zeichen (siehe nächstes Kapitel) ins Spiel.

Mit Heilzeichen Schwingungen verändern

Bei unseren Zeichen handelt es sich um Heilinformationen, die Sie selbst herstellen können. Dies geschieht, indem Sie Ihr Trinkwasser informieren und es so in Heilwasser umwandeln. Diese Soforthilfe für die Seele arbeitet ganzheitlich, das heißt, es bezieht sämtliche Lebensumstände mit ein. Mit fortwährendem Üben werden Sie nicht nur akute Belastungen auflösen, sondern sich auch mehr und mehr neu erfinden.

Die Zeichen und ihre Bedeutung

Das Sinus-Zeichen

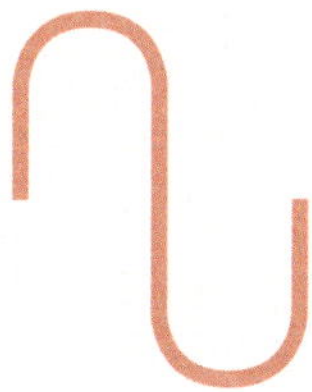

Der Sinus ist ein sogenanntes Umkehrzeichen: Unverträgliche Informationen werden in verträgliche verwandelt, z. B. indem das Wort Angst oder Stress mit einem Sinus versehen wird.

Sinus ist ein Umkehrzeichen

Achtung:

Dies gilt auch umgekehrt. Verträgliche Informationen können mittels dieses Zeichens unverträglich werden! Darum ist der Sinus nur auf disharmonische Themen anzuwenden.

Unverträglich → Verträglich
Verträglich → Unverträglich

Beispiel:

Sollten Sie an einer Höhenangst leiden, dann schreiben Sie das Wort »Angst« oder »Höhenangst« auf einen Zettel und malen den Sinus über diesen Begriff.

Das Y-Zeichen

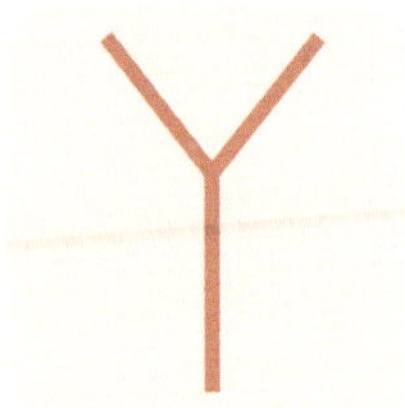

Y wirkt immer positiv

Will ein Mensch kosmische Energie aufnehmen, so stellt er sich aufrecht hin, hebt die Arme und bildet mit seinem ganzen Körper ein Ypsilon. Auch Pflanzen wissen um die Wirkung der Y-Geometrie. So bilden Bäume, wenn sie auf Plätzen stehen, die für sie unverträglich sind, ein Y aus, indem sie sich aufgabeln.

Im Gegensatz zum Sinus wirkt das Ypsilon stets positiv. Unverträgliche Informationen werden in verträgliche umgewandelt, verträgliche Informationen bleiben jedoch verträglich und werden sogar noch verstärkt.

Unverträglich → Verträglich
Verträglich → Verträglich

Ypsilon bringt Schwingungen mit uns in Einklang. Die positive Eigenschaft des Ypsilons machen wir uns bei der Wasserübertragung (siehe Seite 16) zunutze, um positive Energien und Affirmationen zu verstärken, z. B. »Vertrauen«.

Außerdem malen wir das Ypsilon immer am Ende der Kette einer Wasserumschreibung von Sinusinformationen, um den heilen Zustand dauerhaft im Körper zu verankern.

Die Anwendung der Zeichen

Die Vier-Schritte-Methode

I. Wahrnehmen und genau definieren, »was ist«

Den richtigen Namen für ein Thema zu finden ist die erste Voraussetzung, um es »in den Griff zu bekommen«. Jeder gute Arzt macht eine Diagnose von seinen Patienten, jeder gute Homöopath eine Anamnese. Erst nachdem man weiß, wie es dem Patienten geht, beginnt die Therapie. Bei der »Soforthilfe für die Seele« ist es nicht anders. Wir brauchen erst einmal die richtige Bezeichnung für das, was uns beschäftigt. Der erste Schritt besteht also in gezielter Wahrnehmung. Stellen Sie sich folgende Fragen:

Die richtige Bezeichnung finden

- In welchem Zustand sind Sie?
- Was fühlen Sie?
- Was brauchen Sie?

Andere Möglichkeiten, um auf Ihre Bezeichnung zu kommen, sind die Löschfrage, die Wunderfrage und die Frage nach den automatischen Gedanken bzw. den Alternativgedanken.

- Die Löschfrage: »Was wäre weg, wenn das Anliegen sich erledigt hätte?«
  Beispiel: »Die Schwere!« In dem Fall machen Sie die Wasserübertragung mit »Schwere – SINUS«.

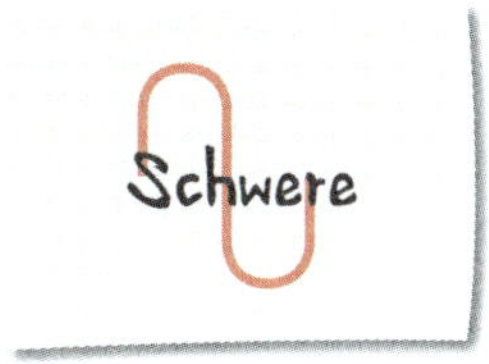

- Die Wunderfrage: »Wenn ein Wunder geschähe und das, was Sie beschäftigt, wäre gelöst, an welchem Gefühl würden Sie es merken?«
  Beispiel: »Lebensfreude!« In dem Fall machen Sie die Wasserübertragung mit »Lebensfreude – YPSILON«. Alternativ können Sie auch ein Bild, das für Sie Lebensfreude ausdrückt, in eine Klarsichtfolie legen und auf die Klarsichtfolie ein YPSILON malen und die Energie dieses Bildes auf Wasser übertragen, z. B. die Tarotkarte »die Sonne – YPSILON«.

- Welcher automatische Gedanken trägt am meisten Ladung (siehe Seite 22 ff.)?
- Welcher Alternativgedanke würde mir am meisten helfen (siehe Seite 24)?

2. Austesten / Überprüfen mittels Einhandrute oder Körperwahrnehmung

Mittels Körperwahrnehmung oder Einhandrute (siehe Seite 55 ff.) überprüfen Sie, ob Ihre Bezeichnung optimal ist oder es eine noch treffendere Bezeichnung gibt. Sobald Sie das passende Wort für das gefunden haben, was Sie gerade beschäftigt, werden Sie in Ihrem Körper eine tiefe Zustimmung, verbunden mit einer Entspannung spüren.

Das richtige Zeichen austesten

Sollte der Satz »Ich fühle mich deprimiert« nicht passen, könnte der Satz »Ich fühle mich einsam« stimmen. In dem Fall würden Sie »einsam – SINUS« auf einen Zettel schreiben und damit die Wasserübertragung machen.

Wenn Sie nicht genau wissen, was Ihr aktuelles Thema ist,umkreisen Sie es. Wie beim »Topfschlagen« raten Sie so lange, bis Sie ein positives Körperecho spüren oder die Einhandrute Ihnen anzeigt, dass Sie den richtigen Begriff gefunden haben.

Testen Sie gegebenenfalls auch die Dauer und Häufigkeit der Umschreibung aus. Dafür stellen Sie Behauptungen auf und überprüfen Sie diese mittels Körperwahrnehmung oder Einhandrute:

- Ich sollte die Umschreibung einmal / zweimal / dreimal täglich machen! – Ja / Nein
- Ich sollte die Umschreibung einen / zwei / drei Tage lang / eine Woche lang ... machen! – Ja / Nein

3. Umschreiben oder Verstärken

Nun machen Sie Ihre Wasserübertragung, wie es im nächsten Kapitel (siehe Seite 16 ff.) erklärt wird.

4. Sich die neue Alternative bewusst machen und visualisieren

Nach der Umschreibung werden Sie die Erfahrung machen, dass sich ein Raum dafür öffnet, anders als bisher zu denken, zu fühlen und zu handeln. Machen Sie sich diese Alternative mithilfe der Stattdessen-Formel bewusst.

Die Stattdessen-Formel

»Bisher reagierte ich auf meine Lebenssituation ... (alte Handlungsalternative), doch stattdessen könnte ich auch ... (neue Handlungsalternative).«

Beispiele:

- Bisher reagierte ich auf die Kritik meines Vorgesetzten frustriert, doch stattdessen könnte ich tief durchatmen und mit ihm ein klärendes Gespräch führen.

- Bisher reagierte ich auf meinen Liebeskummer deprimiert und enttäuscht, doch stattdessen könnte ich mich dem Leben zuwenden.

Es ist hilfreich, wenn Sie sich die neue Alternative immer wieder lebhaft vorstellen.

Die Wasserübertragung

Anwendung:

1. Füllen Sie ein Glas mit Wasser. Nehmen Sie den Zettel mit der Heilinformation, die auf das Wasser übertragen werden soll, in die linke Hand und halten Sie in der rechten Hand ein Glas Wasser. Die Informations-übertragung basiert auf dem Links-rechts-Effekt, was nichts anderes bedeutet, als dass die Energien bevorzugt von links nach rechts fließen. Die Beine sollten Sie dabei nicht überkreuzen. Linkshänder spüren am besten selbst, ob sie die Wasserübertragung von links nach rechts oder von rechts nach links machen möchten.
2. Während der Übertragung schauen Sie eine bis drei Minute(n) lang konzentriert den Zettel an. Intuitiv werden Sie mit zunehmender Übung spüren, wann die Informationsübertragung vollständig abgeschlossen ist.
3. Das geprägte Wasser kann nun als Heilmittel eingesetzt

werden: Riechen Sie daran und trinken Sie es. Dadurch wird die Heilinformation unmittelbar an das Gehirn und an sämtliche Zellen im Körper abgegeben.

Heilinformationen auf Wasser prägen und trinken

Es ist hilfreich, wenn Sie das jeweilige Gefühl oder den jeweiligen Zustand, z. B. Stress, Wut oder auch Frieden, während der Wasserübertragung ganz bewusst fühlen. Alle Bilder und Assoziationen, die während der Wasserübertragung auftauchen, dürfen in diesen Prozess mit einfließen.

Die Wasserübertragung machen Sie aus zwei Gründen:

1. Sie verwandeln negative, also unverträgliche Informationen, in verträgliche. Dies wird auch »Umschreiben« genannt. Dadurch werden belastende Gefühle und Blockaden aufgelöst. Empfindungen von Entspannung, Frieden und Einklang breiten sich aus.
   Beispiel: Bei Stress wird z. B. das Wort Stress mit einem Sinuszeichen versehen, die Information auf Wasser übertragen und das Wasser getrunken.
2. Positive Informationen, die die Psyche stärken, werden auf das Wasser übertragen.

Das Wort Entspannung löst in Ihnen alle Reaktionsmuster aus, die mit Entspannung zusammenhängen. Machen Sie die Wasserübertragung mit dem positiven Begriff, z. B. Entspannung (wenn Sie stressfrei sein möchten), und versehen diesen mit einem Ypsilon.

Die Wasserübertragung ermöglicht Ihnen, optimal abgestimmte Heilinformationen in die Zellen weiterzuleiten und so neue, stärkende Energiemuster aufzubauen. Sie reduzieren dadurch den Stress in Ihrem Organismus. Jede Zelle Ihres Organismus erhält dabei die heilsame Information und wird positiv ausgerichtet.

Die Heilinformation gelangt in alle Zellen

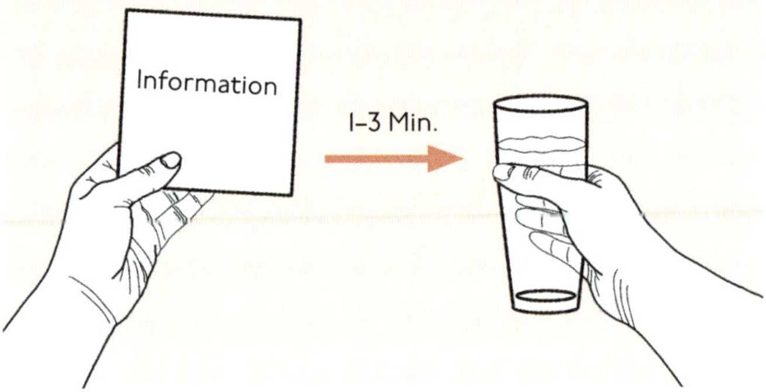

Sinus oder Ypsilon?

Wenn wir ein Thema lösen wollen, stehen wir vor der Frage, ob wir dafür einen Sinus oder ein Ypsilon einsetzen.

Das Ypsilon-Zeichen ergibt dann Sinn, wenn Ihr Körper für die positive Information bereits resonanzfähig ist. Sollten Sie beispielsweise an Niedergeschlagenheit leiden, ist es sinnvoll, wenn Sie diese erst einmal mit »Niedergeschlagenheit-Sinus« umschreiben. So signalisieren Sie Ihrem Unterbewusstsein, dass Sie seine Botschaft verstanden haben und es nicht übergehen werden. Am Ende des Prozesses stabilisieren Sie den lebensfrohen Zustand mit »Lebensfreude – Ypsilon«. Wenn jedoch »Lebensfreude – Ypsilon« in Ihnen eine positive Resonanz erzeugt, können Sie direkt mit Ihrem Ypsilonwort beginnen.

Den Ist Zustand anerkennen

Die Wasserübertragung bei akuten Themen:

- Schreiben Sie z. B. das Wort »Stress« auf einen Zettel, ein Sinuszeichen darüber und machen Sie damit die Umschreibung.

- Oder: Schreiben Sie den positiven Begriff, z. B. »Entspannung« auf einen Zettel und malen darüber ein Y.

Die Wasserübertragung bei chronischen Themen:

Beginnen Sie mit dem negativen Begriff und arbeiten sich im Laufe der Zeit zu dem positiven Begriff vor. Erst wenn die Umschreibung mit Sinus beendet ist, beginnen Sie mit der Ypsilonverstärkung. Beispielsweise machen Sie zuerst vier Tage lang zweimal täglich die Umschreibung mit »Niedergeschlagenheit – SINUS« und dann weitere drei Tage lang einmal täglich die Verstärkung mit »Lebensfreude – YPSILON«.

Tipps:

- Finden Sie durch Testung (siehe Seite 55 ff.) heraus, ob Sie im Einzelfall eine Sinusumschreibung oder eine Ypsilonverstärkung einsetzen sollten. Empfehlenswert ist außerdem, die Zeiträume und Häufigkeit der Anwendung auszutesten.
- Bei chronischen Themen wiederholen Sie die Wasserübertragung mit Sinus ausdauernd und regelmäßig (z. B. täglich oder mehrmals täglich), bis Sie eine deutliche Besserung erleben.
- Falls Sie sich mehrmals täglich Ihr Heilwasser zuführen möchten, empfiehlt es sich, für die Umschreibung statt

einem Glas eine Flasche zu nehmen und mehrmals täglich daraus zu trinken.

- Am Ende einer Umschreibungsmaßnahme verwenden Sie zur Stabilisierung einen neuen Zettel mit dem positiven Begriff sowie das Verstärkungszeichen Y. Auf diese Weise stabilisieren Sie Ihren harmonischen Zustand.
- Es sollten nicht mehr als zwei Informationen gleichzeitig mit Umkehrzeichen versehen und übertragen werden. Die Fähigkeit des Körpers für diese Art der direkten Informationsaufnahme könnte sonst möglicherweise überfordert sein.

Den harmonischen Zustand stabilisieren

- Übertragen können Sie Begriffe, Glaubenssätze, aber auch Bilder, welche Ihren negativen oder positiven Zustand darstellen, z. B. aus der Kunst, dem Tarot, von Kraftorten etc. Nehmen wir einmal an, Sie finden für Ihren aktuellen Zustand den Begriff »Kummer« und Sie entdecken, dass die Karte »Kummer« aus dem Tarot (Bild: drei Schwerter durchbohren ein Herz) diesem Zustand am ehesten entspricht. In dem Fall machen Sie die Wasserübertragung damit kombiniert mit Sinus. Nachdem Sie dies einige Tage lang gemacht haben, taucht das Bild einer Sonne auf. Nun machen Sie die Wasserübertragung mit einem Sonnenbild und laden sich so mit der positiven Energie auf.

Automatische Gedanken

Da wir unser Denken nie abschalten, entstehen ständig automatische Gedanken. Interessant für die Soforthilfe sind vor allem jene Gedanken, die Ihnen helfen, unangenehme Gefühle zu verstehen. Wenn Sie negative Gefühle haben, dann sind immer auch automatische Gedanken präsent, die Ihnen Anhaltspunkte für Ihre emotionalen Reaktionen liefern. Oft sind es dieselben automatischen Gedanken, die immer dann aufgerufen werden, wenn Sie in eine ähnliche Situation kommen, beispielsweise wenn Sie sich einsam fühlen. Automatische Gedanken sind häufig nicht wahr, belasten aber unseren gegenwärtigen Zustand. Sie liegen auf einer tieferen Ebene des Bewusstseins als Begriffe.

Automatische Gedanken können umgeschrieben werden

Das ABC der Gefühle zeigt anhand eines Beispiels, wie automatische Gedanken und Gefühle zusammenhängen:

A. Ereignis: Ich stehe im Stau.

B. Automatische Gedanken: Ich komme zu spät – ich habe versagt.

C. Gefühle und Handlungen: Ich erlebe Stress und komme nicht nur zu spät, sondern auch noch in schlechter Laune zu meinem Termin.

Ich fühle mich schuldig und deprimiert. Zwischen Gefühlen und automatischen Gedanken besteht eine Wechselwirkung.

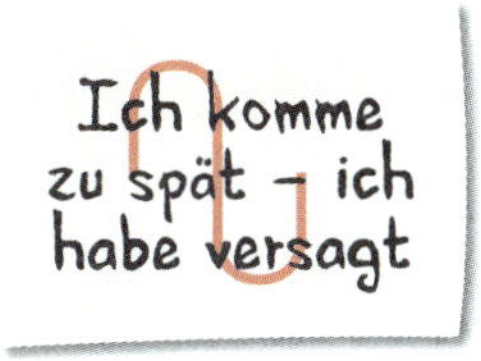

Wenn Sie spüren, dass die Umschreibung von »Stress – Stau – Sinus« Ihnen nicht hilft, prüfen Sie einmal, welcher tieferliegende automatische Gedanke mit Ihrem Stress verbunden ist. Finden Sie den automatischen Gedanken, der am stärksten in Ihnen lebendig ist, also am stärksten »glüht«. In der kognitiven Therapie kennt man den Begriff des »heißen Drahts«. Nehmen wir einmal an, Ihnen kommt der obengenannte Gedanke »ich komme zu spät – ich habe schon wieder versagt«. Dann machen Sie die Wasserübertragung am besten mit: »zu spät kommen = Versagen Sinus«. Sie nehmen dadurch dem automatischen Gedanken die Kraft und bieten Ihrem Unterbewusstsein die Chance, neue Gefühle und Lebensrealitäten zu entwickeln. Auf diese Weise lösen Sie in sich die neuronale Verbindung zwischen dem befürchteten Zu-spät-Kommen und

Entspannung durch Umdenken

dem Thema »versagt haben« auf. Folge: Ihr Denken – und damit auch Ihr Gefühl – entspannt sich.

Alternativgedanken

Jetzt kommen die Alternativgedanken zum Zuge: Diese ersetzen automatische Gedanken, die Sie normalerweise haben. Vorgehensweise: Wählen Sie statt dem automatischen Gedanken, der Sie am stärksten belastet, einen Alternativgedanken, der in Ihnen Erleichterung auslöst, und verstärken Sie diesen mit Ypsilon. Alternativgedanken sind wie Weichen für einen Zug. Indem Sie statt dem automatischen Gedanken einen ebenso stimmigen Alternativgedanken annehmen, geht Ihr Gedankenzug – und damit Ihre Emotion – in eine neue Richtung. Dadurch wecken Sie in sich positive Ressourcen. Achten Sie bei der Formulierung Ihres Alternativgedankens darauf, dass dieser für Sie genau so glaubwürdig ist wie der automatische Gedanke. Er sollte sich im Jetzt stimmig anfühlen. Sie könnten beispielsweise folgenden Alternativgedanken für sich formulieren: »Es kann sein, dass ich zu spät komme, aber ich lasse meinen Stress jetzt los – YPSILON«.

Positive Ressourcen wecken

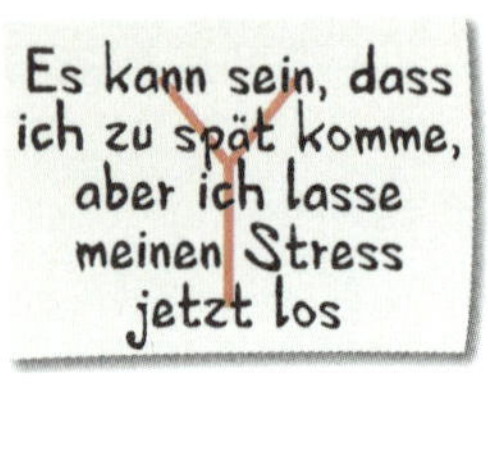

Praktische Hilfe von A bis Z

Wichtiger Hinweis für alle Anwendungen

Nachfolgend bieten wir Ihnen Indikationen und praktische Tipps an, wie Sie die Zeichen anwenden können. Die Zeichen haben eine starke Wirkung: Sie können Ihre Beschwerden lindern oder sogar zum Verschwinden bringen und wirken wohl auf Körper und Psyche. Die Wasserübertragungen sollten nur dann ausgeführt werden, wenn es sich gut anfühlt. Bei regelmäßiger Anwendung entwickeln Sie immer mehr ein Gespür dafür, was Ihnen hilft.

Achtung: Zu Ihrem Schutz und dem anderer Menschen wenden Sie die Zeichen für Andere niemals ungefragt, d. h. ohne deren Zustimmung an. Schreiben Sie nicht den Namen eines Menschen auf einen Zettel und das Sinuszeichen direkt darauf. Auch wenn Sie nur Ihr inneres Bild von dem Menschen verändern wollen, halten wir es für ethisch angemessen, die Zeichen für uns selbst oder nur mit Zustimmung für Andere anzuwenden. Beispiel: Statt »Peter – Sinus« schreiben Sie »mein Problem mit Peter – SINUS«.

Jedes der Hilfethemen von A bis Z enthält folgende sechs Punkte:

- **Zusammenhänge:** Zu Beginn finden Sie eine Einführung in das Thema und womit es korreliert. Lesen Sie diese Zeilen sorgfältig und spüren Sie nach, was davon auf Sie zutrifft.
- **Sinusumschreibung:** Hier erhalten Sie Empfehlungen für die Begriffe, die Sie umschreiben können. Erinnern Sie sich an das Prinzip des heißen Drahtes: Die Empfehlungen sollen lediglich zur Anregung dafür dienen, den eigenen optimalen Begriff für Ihre Umschreibung zu finden. Seien Sie in der Formulierung so präzise und so kurz wie möglich, aber so ausführlich wie nötig, damit das jeweilige Thema in Ihnen schwingt, wenn Sie bei der Wasserübertragung Ihren Zettel lesen. Hängt das Thema, das Sie beschäftigt, mit einer alten Erinnerung oder Erfahrung zusammen, kann es sinnvoll sein, diese ebenfalls umzuschreiben.
- **Ypsilonverstärkung:** Die hier angebotenen Begriffe dienen als Anregung für eine Wasserübertragung mit YPSILON.
- **Automatische Gedanken:** In dieser Sparte finden Sie Vorschläge für typische automatische Gedanken zur Sinusumschreibung.

- Alternativgedanken: Hier erhalten Sie Vorschläge für Alternativgedanken zur Ypsilonverstärkung.
- Tipps: Hier erfahren Sie, was Sie praktisch tun können, also die neuen Alternativen, die Sie in jeder Lebenslage haben.

Achtung: Entscheiden Sie sich vor der Wasserübertragung jeweils für eine der genannten Möglichkeiten: Sinusumschreibung, Ypsilonverstärkung, automatische Gedanken oder Alternativgedanken. Machen Sie die Wasserübertragung erst einmal nur mit einer Information. Dann spüren Sie nach, wie die Übertragung gewirkt hat.

ABSCHIED NEHMEN / TRAUER

Immer wieder müssen wir Abschied nehmen: Unsere Wohn- und Arbeitssituation verändert sich, Kinder ziehen aus, ein Mensch, den wir lieben, stirbt oder verlässt uns, unsere körperliche Gesundheit und Vitalität lässt nach etc. Trauer ist das angemessene Gefühl auf Verlust, das uns hilft, Abschied zu nehmen. Im Schmerz des Loslassens fragen wir uns, was wesentlich ist. Wir erleben, dass wir keine Kontrolle haben und nichts festhalten können. Dies konfrontiert uns mit unserer Ohnmacht. Trauer tut weh, doch sie trägt entscheidend zu unserer menschlichen Reife und seelischen Tiefe bei.

Sinusumschreibung: Notieren Sie das Ereignis, das in Ihnen Trauer auslöst, oder das Wort Trauer und schreiben Sie es um mit Sinus, zum Beispiel: »Verlust von Gabi – Trauer – SINUS!«,

»Auszug meiner Tochter – Abschiedsschmerz – SINUS!«, »Kündigung meines Arbeitsplatzes – Ohnmacht – SINUS!«

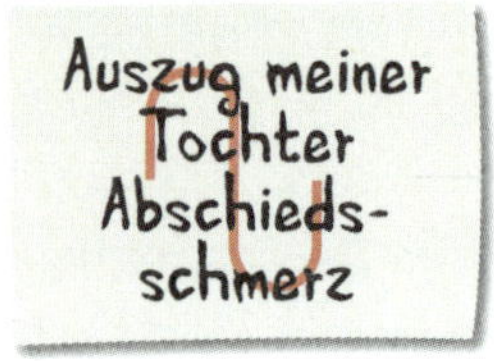

Ypsilonverstärkung: Fragen Sie sich: Was gibt mir Halt? Was tröstet mich? Was unterstützt mich beim Loslassen? Was gibt mir Hoffnung? Nehmen Sie den Begriff, der Sie am meisten anspricht, und verstärken Sie ihn mit Ypsilon, z. B. »Dankbarkeit für das Erlebte – YPSILON!«, »Vertrauen in die Zukunft – YPSILON!«

Automatische Gedanken: »Das Leben ist sinnlos und ungerecht – SINUS!«, »Warum passiert das gerade mir … – SINUS!«, »Die schönste Zeit des Lebens ist vorüber – SINUS!« Alternativgedanken: »Ich bin in der Lage, Trauer zu verarbeiten – YPSILON!«, »Abschied nehmen gehört zum Leben dazu – YPSILON!«, »In jedem Ende liegt ein Neuanfang – YPSILON!«; »Das Leben geht weiter – YPSILON!«

Tipps: Haben Sie den Mut, Ihre Trauer mit Menschen zu teilen, die Erfahrung im Umgang mit Trauer haben. Wertschätzen Sie sich dafür, dass Sie diese Trauer empfinden können. Was Ihnen wirklich hilft, sind Menschen, die Ihnen zuhören und Ihre Trauer verstehen, ohne kluge Ratschläge zu erteilen. Die Natur zeigt uns im Wechsel der Jahreszeiten, dass alles vergänglich ist. So wie die Bäume im Herbst die Blätter abstreifen, so müssen auch wir immer wieder loslassen und uns auf das besinnen, was nicht vergeht. Das Ehren von dem Guten, was war, schafft den Frieden zum Loslassen.

ÄNGSTE

Angst ist ein Schutzmechanismus unseres Körpers, um realen Bedrohungen zu begegnen. Sie unterstützt uns darin, wenn wir beispielsweise einem aggressiven Menschen begegnen, ihm aus dem Weg zu gehen, Hilfe zu holen oder uns zu wehren. In den meisten Fällen hat unsere Angst allerdings nichts mit realen Bedrohungen zu tun, sondern spielt sich nur in unserem Denken ab. Dazu gehört die Angst vor der Zukunft, die Angst zu verhungern, die Angst vor dem Alter, vor Krankheit, die Angst davor, dass etwas Schlimmes geschieht etc.
Die dritte Gruppe von Ängsten nennt man auch Phobien.
Hierbei hat der Mensch eine überzogene Angst vor etwas, das bei anderen Menschen objektiv gesehen keine oder nur wenig Angst auslöst. Zum Beispiel: Angst vor Alleinsein, Ansteckung, Autoritäten, Beziehungen, Sprechen in der Öffentlichkeit so-

wie Flugangst, Höhenangst, Prüfungsangst oder Verlustangst. Erfolgsstress entsteht durch die Angst zu versagen.

Sinusumschreibung: Fragen Sie sich zuerst, ob es etwas ganz Konkretes gibt, vor dem Sie Angst haben. Falls ja, schreiben Sie den konkreten Auslöser mit Sinus um, zum Beispiel: »Prüfungsangst – SINUS«, »Angst vor dem Gespräch mit meinem Chef – SINUS«, »Reaktorunfall – Angst vor radioaktiver Bestrahlung – SINUS«. Falls die Angst unspezifisch ist, empfehlen wir direkt eine Ypsilonverstärkung zu machen.

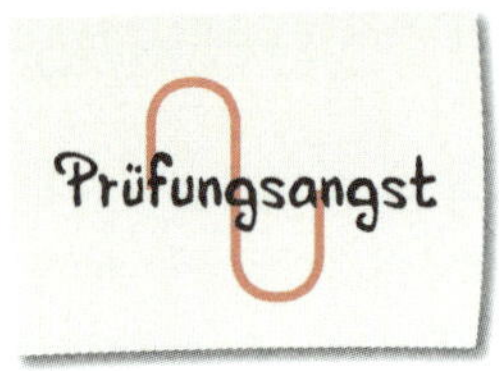

Ypsilonverstärkung: Fragen Sie sich: Welches positive Gefühl hätte ich, wenn die Angst verschwunden wäre? Falls Sie sich das nicht vorstellen können, fragen Sie sich: Welches positive Gefühl hätte ein anderer Mensch in Ihrer Situation, der keine Angst hätte. Zum Beispiel: »Vertrauen – YPSILON!«, »Gelassenheit – YPSILON«. Alternativ: Fragen Sie sich: »Welche Ressource ist in der Lage, mir meine Angst zu nehmen?« Die Ressource kann ein Krafttier, Schutzengel, Heiligenbild etc. sein. Diese Ressource schreiben Sie mit Ypsilon auf einen Zettel, übertragen sie auf Wasser und trinken diese. Sie können die Ressource auch auf einen Gegenstand (Stein, Schmuck etc.) prägen und diesen zu Ihrem Schutz tragen.

Automatische Gedanken: »Ich habe Angst, meinen Arbeitsplatz zu verlieren – SINUS«, »Ich bin unfähig, in der Öffentlichkeit zu sprechen – SINUS«, »Angst vor Blackout – SINUS«, »Ich bin der gegenwärtigen Situation nicht gewachsen – SINUS«, »Mein Leben ist bedroht – SINUS«.
Alternativgedanken: »Ich bestehe die Prüfung mit Leichtigkeit – YPSILON«, »Das Leben sorgt für mich – YPSILON«, »Ich bin geborgen in etwas, das größer ist als ich – YPSILON«, »Ich begegne der gegenwärtigen Situation souverän – YPSILON«.

Tipps: Wenn ein konkreter Anlass vorhanden ist, nehmen Sie erst einmal Abstand, um einen klaren Kopf zu gewinnen. Nehmen Sie Ihre Gedanken und Empfindungen wahr. Die Energie folgt der Aufmerksamkeit. Indem Sie Ihre Aufmerksamkeit umlenken, lösen Sie sich aus dem Griff der Angst. Oftmals ist es hilfreich, Informationen zum Thema zu sammeln, um Sicherheit zu gewinnen und angemessene Vorsorge zu treffen.

ÄRGER

Wenn wir mit unangenehmen Situationen konfrontiert werden, entsteht Ärger. Hinter Ärger steckt oft Schmerz. Wenn wir bereit sind, diesen Schmerz zu fühlen, kann sich der Ärger lösen.

Sinusumschreibung: Fühlen Sie Ihren Ärger und schauen Sie dabei das Sinuszeichen an »Ärger – SINUS«.

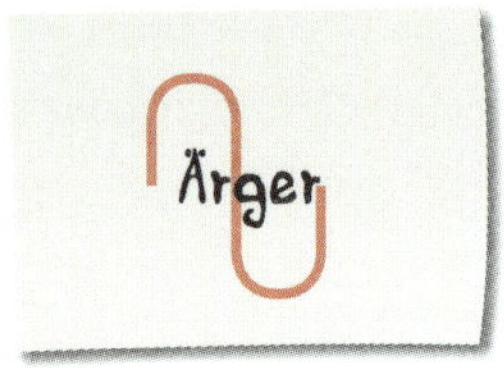

Ypsilonverstärkung: »Gelassenheit – YPSILON«, »Selbstannahme – YPSILON«.

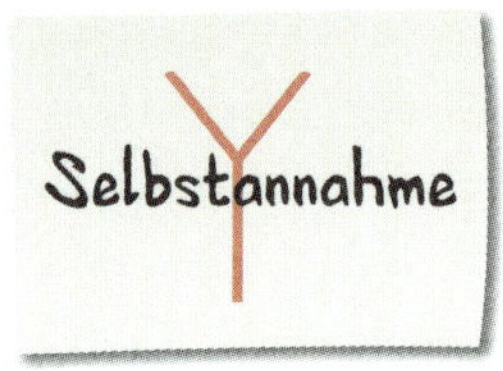

Automatische Gedanken: »Mein Chef hat mich ungerecht behandelt – SINUS«, »Peter ist eine Pfeife – SINUS«, »Der Nachbar sollte nicht so laute Musik machen – SINUS«, »Ich bin meiner Wut ausgeliefert – SINUS«.

Alternativgedanken: »Wut ist eine wichtige Kraft in meinem Leben und ich gehe souverän mit ihr um – YPSILON«, »Ich bin es wert, respektiert und geschätzt zu werden – YPSILON«, »Was mir geschieht, kann ich zum eigenen Vorteil nutzen – YPSILON«.

Tipps: Finden Sie heraus, ob Sie an der Situation etwas verändern können. Wenn ja, ändern Sie es. Wenn nein, akzeptieren Sie sie bedingungslos. Ärger hängt meistens mit einem unerfüllten Bedürfnis zusammen. Machen Sie sich bewusst, worin dieses Bedürfnis liegt, stehen Sie für sich ein und sorgen Sie für sich.

Wo gehört der Ärger hin?

- In vielen Fällen hat der andere mit unserem Ärger gar nichts zu tun, sondern ist nur der Auslöser. In dem Fall ist es hilfreich, den Ärger allein zu verarbeiten. Schlucken Sie Ihren Ärger nicht herunter. Ärger zu unterdrücken schwächt das Immunsystem und macht krank. Joggen Sie, machen Sie die Dynamische Meditation, schlagen Sie auf ein Kissen ein, suchen Sie einen Platz, wo Sie ungestört Dampf ablassen können.
- Manchmal ist der angemessene Ausdruck unserer Wut notwendig, um sich durchzusetzen und sich zu wehren, zum Beispiel, wenn man angegriffen wird oder sein Revier verteidigen muss.
- Öfter ärgert uns jemand unabsichtlich durch sein Verhalten. In dem Fall sollten Sie Ihren Ärger zuerst verarbeiten und dann mit dem anderen in Ruhe sprechen.

DEPRESSIVE VERSTIMMUNG / NIEDERGESCHLAGENHEIT

Depressive Verstimmung fühlt sich an wie eine lähmende Schwere, die einen zu Boden drückt. Wir sind nicht mehr in der Lage, unseren natürlichen kreativen Impulsen zu folgen, wir spüren sie nicht einmal mehr. Sogar gut gemeinte Angebote und Einladungen erreichen uns nicht mehr. Es gibt nichts, was uns wirklich begeistert. Unsere Visionen verblassen. Uns fehlt sogar die Motivation, daran etwas zu ändern. Unsere Wahrnehmungen sind verzerrt: Negatives wird über- und Positives unterbewertet.

Sinusumschreibung: Schreiben Sie nicht das Wort Depression direkt um, sondern finden Sie Umschreibungen für das, was Sie empfinden, zum Beispiel: »Lähmende Schwere – SINUS!«, »Keine Vision – SINUS!«, »Wie gefesselt – SINUS!«, »Hoffnungslos – SINUS!«. Fühlen Sie jedes Mal neu hin und finden Sie die jeweils treffende Beschreibung. So lösen Sie sich Schritt für Schritt aus der depressiven Verstimmung.

Ypsilonverstärkung: Erinnern Sie sich an eine Zeit, in der Sie nicht von der depressiven Verstimmung betroffen waren. Wie haben Sie sich damals gefühlt? Nehmen Sie den Begriff, den Sie gefunden haben, und verstärken Sie ihn mit Ypsilon: »Lebensfreude – YPSILON!«, »Frei meinen Impulsen folgen – YPSILON!«, »Motiviert – YPSILON!«. Sie können auch die Erinnerung an eine besonders gute Zeit aus der Vergangenheit mit Ypsilon verstärken. Notieren Sie hierfür ein Wort, das Sie an diese Zeit erinnert. Dies kann auch ein Datum sein. Sie können auch ein Bild, ein Urlaubsfoto, eine Landschaftsaufnahme, ein Gemälde oder eine Tarotkarte nehmen.

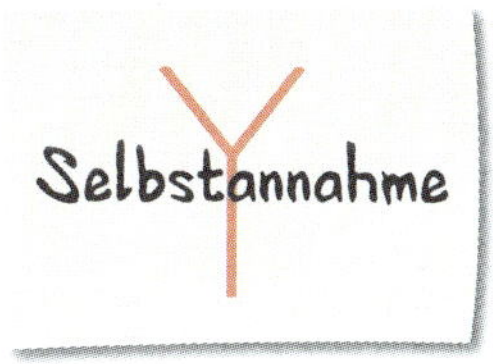

Automatische Gedanken: »Alles ist sinnlos – SINUS!«, »Das Leben ist schwer – SINUS!«, »Ich bin nicht lebensfähig – SINUS!«.
Alternativgedanken: »Ich nehme mich an, so wie ich bin – YPSILON!«, »Auch wenn ich niedergeschlagen bin, kann ich mich dem Leben zumuten – YPSILON!«, »Auch das geht vorüber – YPSILON!«.

Tipps: Das Thema depressive Verstimmung ist sehr umfangreich und es sind mehr Menschen davon betroffen, als man denkt. Oft schleicht sie sich ein, ohne dass es dem Betroffenen bewusst ist. Achten Sie auf gesunde Ernährung, gehen Sie in die Sonne und sorgen Sie für Bewegung / Sport möglichst in frischer Luft. Diese Faktoren wirken stimmungsaufhellend.

ENTTÄUSCHUNG

Wenn Dinge anders laufen, als wir sie erwartet oder erhofft haben, sind wir enttäuscht. Unser heiles Weltbild bricht zusammen. Im Affekt spüren wir Wut, Abwehr, Erstarrung oder auch Fluchtimpulse. Sinusumschreibung: Seien Sie bereit, Ihre Enttäuschung zu fühlen, und schreiben Sie diese um: »Meine Enttäuschung über meinen Partner – SINUS!« Finden Sie genau heraus, was Sie enttäuscht hat. Beispiel: »Die Unzuverlässigkeit von meinem Mitarbeiter – SINUS«.

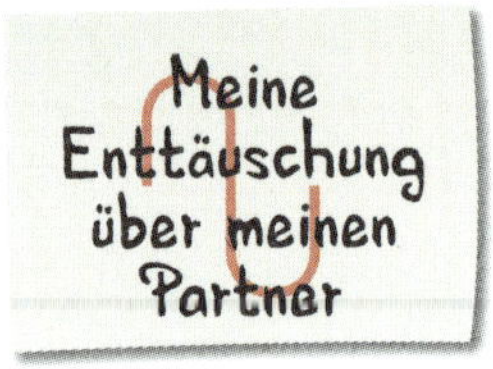

Ypsilonverstärkung: Fragen Sie sich, welche Ressource Sie brauchen, um mit Ihrer Enttäuschung zurechtzukommen. Beispiele: »Vertrauen – YPSILON«, »Klarheit – YPSILON«.

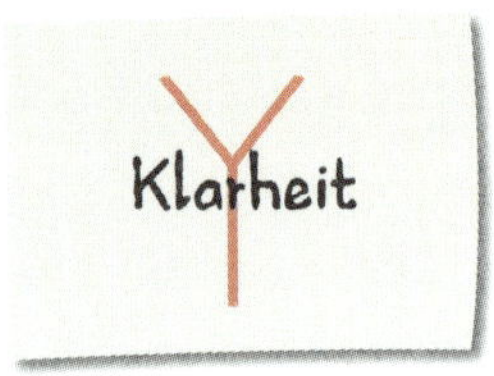

Automatische Gedanken: »Ich will mit diesem Menschen nie mehr etwas zu tun haben – SINUS«, »Ich kann nicht mehr vertrauen – SINUS«, »Das Leben ist ungerecht – SINUS«.
Alternativgedanken: »Ich entscheide mich zu vertrauen – die Qualität des Vertrauens verändert mein Leben – YPSILON«, »Obwohl ich enttäuscht wurde, verfolge ich weiter meine Vision – YPSILON«, »Ich lasse meine Erwartungen los – YPSILON«.

Tipps: Nehmen Sie sich genug Zeit, bevor Sie reagieren. Verarbeiten Sie erst einmal, was Sie erlebt haben. Holen Sie sich kompetenten Rat. Schauen Sie der Wahrheit ins Auge, selbst wenn es unangenehm ist.

ERSCHÖPFUNG / BURN-OUT-SYNDROM

Immer mehr Menschen leiden unter Erschöpfung und Burnout-Syndrom. Unsere moderne Lebensform (Informationsflut, Beschleunigung aller Aktivitäten, Elektrosmog etc.) zwingt uns, achtsam mit unseren Energiereserven umzugehen. Genauso wenig, wie wir die Erde endlos ausbeuten können, können wir selbst ständig auf Batterie leben. Burn-out wird durch folgende Faktoren begünstigt: mangelnde Selbstachtung, Perfektionsstreben, Helfersyndrom, krankhaften Ehrgeiz und die Unfähigkeit, sich selbst und anderen Grenzen zu setzen.

Sinusumschreibung: »Überlastung – SINUS«, »Alles schaffen müssen – SINUS«, »Erschöpfung – SINUS«.

Ypsilonverstärkung: »Regeneration – YPSILON«, »Ich akzeptiere meine Grenzen – YPSILON«, »Loslassen – YPSILON«.

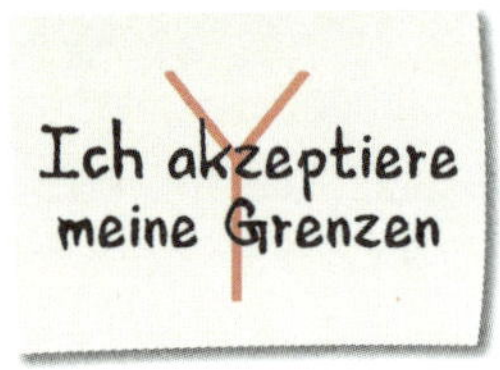

Automatische Gedanken: »Alles ist mir zu viel – SINUS«, »Ich schaffe es nicht – SINUS«, »Ich muss es noch besser machen – SINUS«, »Ich kann die anderen nicht im Stich lassen – SINUS«.

Alternativgedanken: »Ich mache es, so gut es geht, und das genügt – YPSILON«, »Ich erledige ganz bewusst eines nach dem anderen – YPSILON«, »Es darf was liegenbleiben – YPSILON«, »Ich lasse meine sorgenvollen Gedanken los – YPSILON«, »Nobody is perfect – YPSILON«, »Ich werde auch geliebt, wenn ich … nicht erreiche – YPSILON«.

Tipps: Finden Sie Ihren Weg, sich zu regenerieren. Achten Sie auf Frühwarnsignale wie körperliche Beschwerden, Müdigkeit, Reizbarkeit, Nervosität, Schlaflosigkeit. Vermeiden Sie in diesen Zuständen Aufputschmittel wie Kaffee, Energiedrinks etc. Kommen Sie in Frieden mit sich und Ihren Leistungen, auch dann, wenn Sie wenig / keine Anerkennung oder Erfolg haben.

FRUSTRATION

Es kommt zur Frustration (von lat. frustra = vergeblich bzw. frustratio = »Täuschung einer Erwartung«), wenn trotz Einsatz und Bemühung ein erstrebenswertes Ziel nicht erreicht wird. Dies erzeugt in uns Unbehagen, Unruhe, Unzufriedenheit, Verbitterung und vor allem Aggression. Frustration führt oft zu Aggression und Aggression resultiert oft in Frustration (sogenannte Frustrations-Aggressions-Hypothese). Je nach Typ richtet sich diese Aggression gegen andere, gegen sich selbst oder wird verdrängt, z. B. durch Frustkäufe. Wenn wir nicht mehr in der Lage sind, unsere natürliche Aggression zu fühlen, fühlen wir uns entmutigt und fallen in kindliche Hilflosigkeit (sogenannte Regression), bei weiterem Verlauf in tiefe Depression. Indem wir uns der verdrängten Gefühle und der enttäuschten Erwartungen bewusst werden, beginnen wir dort etwas zu verändern, wo wir wirklich etwas tun können – bei uns selbst.

Sinusumschreibungen: »Unbehagen – SINUS«, »Verbitterung – SINUS«, »Verdrängung – SINUS«, »Enttäuschte Erwartung – SINUS«, »kindliche Hilflosigkeit – SINUS«, »Aggression – SINUS«.

Ypsilonverstärkung: »Akzeptanz – YPSILON«, »Loslassen – YPSILON«.

Automatische Gedanken: »Ich bin benachteiligt – SINUS«, »Das Erreichen meiner verlockenden Ziele wird mir versagt – SINUS«, »Verlockungen führen zu Enttäuschungen – SINUS«, »Egal wie sehr ich mich bemühe – es klappt doch nicht – SINUS«, »Ich habe es nicht anders verdient – SINUS«.
Alternativgedanken: »Ich akzeptiere meine Enttäuschungen – YPSILON«, »Ich öffne mich dem Leben und seinen Geschenken – YPSILON«, »Ich gehe souverän mit meiner Frustration um – YPSILON«, »Ich lasse meine falschen Erwartungen los – YPSILON«, »Ich vertraue meiner inneren Führung – YPSILON«.

Tipps: Nicht der Gegenstand der Frustration, sondern wie wir mit unserer Frustration umgehen, entscheidet über Zufriedenheit, Glück und Erfüllung. Machen Sie sich bewusst, was Sie sich eigentlich gewünscht hätten, und unterstützen Sie dies durch die Ypsilonverstärkung, zum Beispiel: »Erfüllte Begegnung – YPSILON«.

KRITIK AUSDRÜCKEN

Wenn uns etwas missfällt, suchen wir nach einem Weg, um es auszudrücken. Oft geschieht Kritik leider aus dem Affekt heraus. Wir verletzen den anderen und werden dann mit seiner Reaktion konfrontiert.

Sinusumschreibung: Machen Sie sich bewusst, welchen Preis es Sie kostet, wenn Sie aus dem Affekt heraus jemanden kritisieren würden, und schreiben Sie dieses um. Beispiel: »Verlust an Intimität – SINUS«, »Störung des Betriebsklimas – SINUS«.

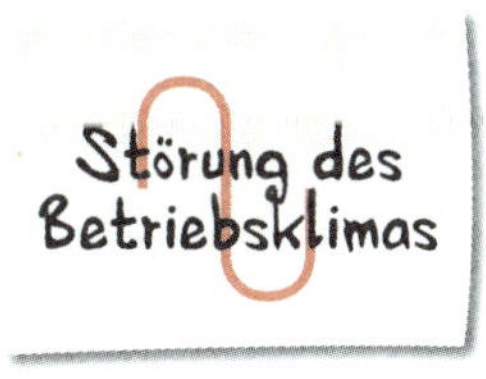

Ypsilonverstärkung: »Toleranz – YPSILON«, »Friedvolle, klare Kommunikation – YPSILON«.

Automatische Gedanken: »Mein Mitarbeiter ist eine Katastrophe – SINUS«, »Mein Partner ist eine Niete – SINUS«.

Alternativgedanken: »Mein Mitarbeiter macht manches richtig und manches falsch – YPSILON«, »Mein Partner / meine Partnerschaft ist wertvoll – YPSILON«.

Tipps: Ein Weg aus dieser Falle ist es, nicht den Menschen als Ganzes, sondern nur die Situation bzw. den Vorfall zu kritisieren. Also sagen Sie nicht »Sie sind unzuverlässig«, sondern »Sie haben den Termin vergessen«. Machen Sie sich bewusst, was der Anlass Ihrer Kritik ist, welche Gefühle Sie haben, welche Bedürfnisse gerade nicht erfüllt sind und welche Bitte Sie an den anderen haben.
»Sie haben den Kundentermin verpasst. Ich bin enttäuscht, weil mein Bedürfnis nach Zuverlässigkeit nicht erfüllt ist. Ich möchte Sie bitten, mir frühzeitig Bescheid zu sagen, wenn Sie einen Termin nicht einhalten können!«

LIEBESKUMMER

Wenn unsere Liebe oder Zuneigung nicht oder nur teilweise erwidert wird, kann dies ein Gefühl von tiefer Verzweiflung auslösen. Die ganze Welt scheint für den Betroffenen zusammenzubrechen.
Endet eine Beziehung, leiden wir körperlich und seelisch. Der

Verstand versucht vergeblich den Grund für die Krise zu verstehen. In so einer Situation kann es sein, dass Trauer, Schock, Erstarrung, Wut, aber auch Rachegedanken entstehen. Was tun?

Sinusumschreibung: Notieren Sie das Ereignis, das in Ihnen Liebeskummer auslöst, oder eines der Gefühle und schreiben Sie es um mit Sinus, zum Beispiel: »Peter liebt mich nicht – Sinus!« oder: »Liebeskummerschock – Sinus!«

Ypsilonverstärkung: Fragen Sie sich: Was kann ich mir selbst in dieser Situation geben? Welche Qualität hilft mir, über den Schmerz hinwegzukommen? Ist es Verzeihen, Selbstannahme, Selbstliebe? Nehmen Sie den Begriff, der Sie am meisten anspricht und verstärken Sie ihn mit Ypsilon, z. B. »Selbstannahme – Ypsilon!«

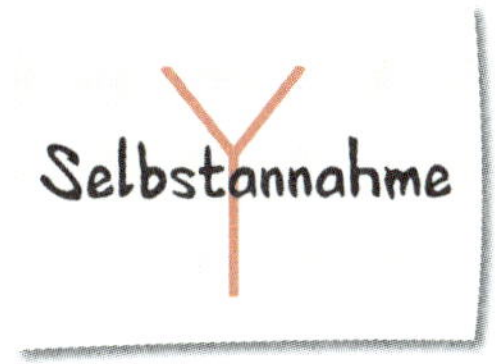

Automatische Gedanken: Beobachten Sie, welche automatischen Gedanken Ihnen durch den Kopf gehen, und finden

Sie heraus, welcher dieser Gedanken Sie am meisten belastet. Zum Beispiel: »Ich werde nie wieder so tief für einen Mann empfinden wie für Peter – SINUS!«, »Hass auf Peter – SINUS!«, »Keiner liebt mich – SINUS!«.

Alternativgedanken: »Nichts hält für immer – YPSILON!«, »Ich bin liebevoll eingebettet im großen Ganzen – YPSILON!«, »Obwohl Peter mich nicht liebt, liebe und akzeptiere ich mich voll und ganz – YPSILON!«.

Tipps: Nehmen Sie sich Zeit und sorgen Sie liebevoll für sich selbst, indem Sie Sport treiben, in die Natur gehen, gute Musik anhören, einen schönen Film ansehen. Tun Sie etwas, das Ihnen Freude bereitet. Geben Sie sich selbst die Liebe, die Sie von der anderen Person nicht bekommen. Nehmen Sie dankbar die Unterstützung von Ihrem Umfeld wahr, z. B. Familie, gute Freunde, Arbeitskollegen.

NEID / MISSGUNST / EIFERSUCHT

Jeder von uns kennt Situationen, in denen Neid entstehen kann. Neid kann sich nicht nur auf Besitztümer beziehen, sondern auch auf den sozialen Status oder kulturell geprägte Merkmale.

Beispiele sind: Mein Bruder wird immer gelobt, während ich mich abmühe. Meine Kollegin wird befördert, obwohl sie weniger tut als ich. Die jungen Frauen sind attraktiver als ich. Mein Freund bekommt die tollen Frauen.

Sinusumschreibung: » Unterprivilegiert – SINUS«, »Minderwertigkeitsgefühl – SINUS«, »Mangel – SINUS«.

Ypsilonverstärkung: »Toleranz – YPSILON«, »Wohlwollen – YPSILON«.

Automatische Gedanken: »Die anderen haben es leichter – SINUS«, »Es ist ungerecht, dass ich so wenig verdiene – SINUS«, »Ich komme zu kurz im Leben – SINUS«.
Alternativgedanken: »Ich nehme mich an – YPSILON«, »Ich gestehe mir meinen Neid ein – YPSILON«, »Ich komme in Frieden – YPSILON«.

Tipps: Prüfen Sie, ob die Menschen, auf die Sie neidisch sind, etwas haben, das Ihnen wirklich wichtig ist.

- Vieles von dem, auf das Sie neidisch sind, betrifft nur Vorstellungen, die Sie loslassen können.

■ Sollte dies nicht der Fall sein, können Sie die Situation für Ihre persönliche Weiterentwicklung nutzen. Manchmal dient Ihnen der Mensch, auf den Sie neidisch sind, sogar als Vorbild.

Unsere Lebenserfahrung zeigt: Jeder bekommt das, was er braucht – auch wenn wir dies nicht sofort erkennen können. In der Wertschätzung für das eigene Leben liegt das größte Geschenk.

SCHLAFSTÖRUNGEN

Schlafstörungen können verschiedene Ursachen haben:
Umwelteinflüsse: Elektrosmog, Wasseradern, helles Licht, Lärm.
Psychische Belastungen: Die Gedanken kreisen um aktuelle Lebensereignisse (Berufswechsel, Umzug, Tod eines nahen Verwandten, finanzielle Sorgen, Prüfungen usw.). Diese klingen von selbst ab, wenn der Anlass vorbei ist. Anhaltende Stressfaktoren (Beziehungsprobleme, Mobbing etc.) hingegen werden oft verinnerlicht, sodass sie auch dann für Schlafstörungen sorgen, wenn man allen Grund hätte, entspannt zu sein, z. B. im Urlaub. Auch ein übersteigertes Kontrollbedürfnis und Angst davor, loszulassen, kann zu Schlaflosigkeit führen.
Lebensform: Drogen und Aufputschmittel (Kaffee, grüner und schwarzer Tee am Abend) können unseren Schlaf beeinträchtigen und ebenso wie Medikamente zu Schlafstörungen führen. Alkohol erleichtert zwar das Einschlafen, aber erschwert,

insbesondere, wenn er in höherem Maße konsumiert wurde, das Durchschlafen. Auch ein gestörter Schlaf-wach-Rhythmus z. B. durch Schichtarbeit, Jetlag oder ein schreiendes Baby kann die Ursache für Schlafstörungen sein.
Hormonelle Umstellung (Klimakterium), Schmerzen und / oder eine körperliche Erkrankung.
Sinusumschreibung: Finden Sie die Ursache heraus und – so weit möglich – beheben Sie diese. Unabhängig davon schreiben Sie die Ursache mit Sinus um. Beispiele: »Elektrosmog – SINUS«, »Sorgen um die Finanzen – SINUS«.

Ypsilonverstärkung: »Loslassen – YPSILON«, »geborgen sein – YPSILON«, »Vertrauen – YPSILON«.

Automatische Gedanken: »Ich kann schon wieder nicht schlafen – SINUS«, »Ich muss jetzt einschlafen, sonst bin ich morgen gerädert – SINUS«, »Ich kann meine kreisenden Gedanken nicht loslassen – SINUS«.

Alternativgedanken: »Ich schlafe durch und wache morgen erholt auf – YPSILON«, »Ich lasse meine Gedanken ruhen – YPSILON«, »Ich kann mich dem Schlaf hingeben – YPSILON«.

Tipps: Der Kampf gegen die Schlaflosigkeit ist schlimmer als die Schlaflosigkeit selbst und schafft unnötigen Stress.
Wir haben die Erfahrung gemacht: Um morgens fit zu sein, genügt es oftmals, wenn der Körper nachts entspannt ruht. Je gelassener Sie mit der Schlaflosigkeit umgehen, desto leichter stellt sich wieder ein gesunder Schlaf ein.
Mithilfe der PraNeoHom / Heilen mit Zeichen-Methode können Sie herausfinden, ob Belastungen durch Elektrosmog / Wasseradern vorliegen und diese beheben. Auch das Aufmalen von Zeichen auf Akupunkturpunkten (Energiebalance) kann Ihren gesunden Schlaf unterstützen. Im Buch »Mehr Energie durch Heilen mit Zeichen« (2014, Nymphenburger Velag) finden Sie mehr zu diesem Thema.

STRESS

Im Stress sind wir nicht in der Lage, Wichtiges von Unwichtigem zu unterscheiden, weil uns dafür der Überblick fehlt. Diesen Überblick gilt es wiederzugewinnen.
Auslöser für Stress können sein: Reizüberflutung, Elektrosmog, Prüfungen, Mobbing, psychische Belastungen wie Versagensangst etc. Hinter Stress kann auch eine Gratifikationskrise liegen, d. h., wir versuchen krampfhaft, außerge-

wöhnliche Leistungen zu erbringen, weil wir an einem Mangel an Anerkennung / Belohnung leiden (»Es ist nie gut genug!«). Oft stresst uns nicht mal so sehr unser voller Terminkalender, sondern unser Anspruch, allen Anforderungen zu genügen. Auch Perfektionismus und übertriebenes Verantwortungsbewusstsein können zu Stress führen.

Sinusumschreibung: Benennen Sie den Stressauslöser und schreiben Sie ihn um. Als Erste-Hilfe-Maßnahme genügt es, wenn Sie dies rein gedanklich tun. Beispiel: »Reizüberflutung – Stress – SINUS!«

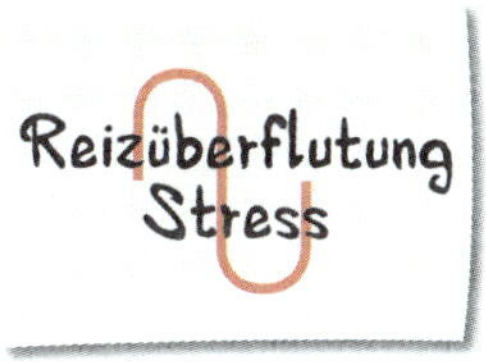

Ypsilonverstärkung: »Entspannung – YPSILON«.

Automatische Gedanken: »Ich schaffe es nicht – SINUS«, »Stress ist notwendig zum Überleben – SINUS«, »Erfolg ohne Stress ist nichts wert – SINUS«.

Alternativgedanken: »Ich erledige in Ruhe eines nach dem anderen – YPSILON«, »Ich bin es mir wert, meine Ziele auch ohne Stress zu erreichen – YPSILON«, »Niemand kann mich stressen außer ich mich selbst – YPSILON«.

Tipps: Übernehmen Sie Verantwortung für das eigene Stresslevel und lernen Sie, dieses zu managen. Machen Sie einen Stressentzug, indem Sie Reizquellen, visuellen und auditiven Lärm reduzieren. Achten Sie auf Frühwarnsignale. Vermeiden Sie unnötigen psychischen Stress. Haben Sie Mut zur Unvollkommenheit und die Toleranz, Unwesentliches liegen zu lassen. Nehmen Sie sich Zeit für Pausen und nutzen Sie diese Pausen ganz bewusst, um zu sich zu kommen. Als unterstützend erweisen sich Entspannungsmethoden, die relativ schnell wirken, wie autogenes Training, Mindfullness-based Stress Reduction, langsames, bewusstes Gehen nach Thich Nhat Hahn. Eine Kurzmeditation kann Ihnen helfen, immer wieder zu sich zu kommen. Sie können aber auch drei Minuten konzentriert auf einen Punkt sehen.
Lernen Sie vom Märchen »Der Hase und der Igel« stets ganz im »Hier und Jetzt« zu sein.

VERLETZT WERDEN DURCH KRITIK

Der Schmerz, den wir fühlen, wenn wir verletzt werden, hat meistens nichts direkt mit dem Menschen zu tun, der uns kritisiert, sondern wirft uns in unsere Kindheit zurück. Wir zweifeln uns selbst an, stellen uns in Frage bis hin zum Selbsthass. Um den Schmerz, den unser »innerer Kritiker« auslöst, nicht zu fühlen, gehen wir oft zum Gegenangriff über. Wir rechtfertigen uns, kritisieren den anderen, werden wütend oder lassen woanders Dampf ab.

Sinusumschreibung: Fragen Sie sich, ob Ihnen der Schmerz, kritisiert zu werden, bekannt vorkommt. Finden Sie eine Situation aus Ihrer Kindheit, in der Sie einen ähnlichen Schmerz empfunden haben. Dies kann sein Kritik seitens Ihrer Eltern, Geschwister, Lehrer oder einfach nur ein »gehänselt werden«. Beispiel: »Vater kritisiert mich – 5 Jahre alt – SINUS«, »Mutter sagt, ich sei egoistisch – 8 Jahre alt – SINUS«.

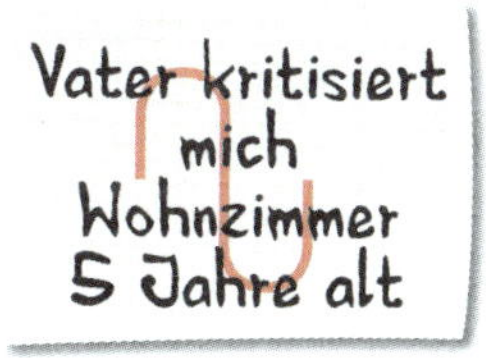

Ypsilonverstärkung: Finden Sie die Reaktion des gesunden Erwachsenen und verstärken Sie die Qualität, die Ihnen in der Situation hilft: »Selbstannahme – YPSILON«, »Ich verstehe dich – ich mache es auf meine Art – YPSILON«.

Automatische Gedanken: »Wie kann er es wagen, mich zu kritisieren – SINUS«, »Dieser Mensch hat keine Ahnung – SINUS«, »Ich bin ein Versager – SINUS«.
Alternativgedanken: »Der andere kann recht haben oder auch nicht – YPSILON«, »Selbst wenn ich Fehler mache, bin ich liebenswert – YPSILON«.

Tipps: Nehmen Sie erst einmal Abstand und atmen Sie tief durch. Prüfen Sie, ob die Kritik sachlich gerechtfertigt ist. Falls ja, können Sie sich dafür entscheiden, die Kritik dankbar anzunehmen. Machen Sie sich bewusst, für welchen Wert der Kritisierende eintritt (z. B. Pünktlichkeit) und respektieren Sie diesen Wert.

WERTSCHÄTZUNG UND DANKBARKEIT

Das Leben ist unendlich kostbar und zerbrechlich. Nicht nur das Leben, sondern auch all unsere Beziehungen. In unseren Beziehungen weben wir an einem sehr feinen und empfindsamen Gewebe.
Dankbarkeit ist ein Schlüssel, um das Leben und unsere Beziehungen als wertvoll zu erleben. Wenn ich dankbar bin, ziehe ich Fülle an und verstärke das Gute in meinem Leben.
Für die Kraft Ihrer Dankbarkeit ist es völlig unbedeutend, wie viel jemand tatsächlich für Sie getan hat und ob Ihnen das Leben Steine oder Blumen in den Lebensweg gelegt hat. Ihre Bewertungen entscheiden darüber, ob Sie Ihr Leben, Ihre

Mitmenschen, Ihre Vergangenheit und Ihre Gegenwart voller Dankbarkeit erleben oder sich frustriert, verbittert, irritiert und demotiviert fühlen.

Jede Kreation, jedes Wesen verdient Wertschätzung. Aber auch: Alles, was wir jemals in unserem Leben erschaffen haben, alle Erfahrungen, alle Lebensergebnisse, ob angenehm oder unangenehm, verdienen es, geehrt zu werden. Wertschätzung im Sinne von »ehren« ist ein universeller Heilungsschlüssel und wird uns zum Segen werden: War etwas negativ, wie z. B. eine unangenehme Beziehung oder eine unangenehme Erinnerung, wird es sich durch Ihre Wertschätzung auflösen oder in etwas Positives verwandeln. War es positiv, wird es durch unsere Wertschätzung stärker werden. Probieren Sie es aus!

Ypsilonverstärkung: »Wertschätzung und Dankbarkeit – YPSILON«, »Vergebung – YPSILON«.

Alternativgedanken: »Dankbarkeit öffnet mein Herz für die Fülle – YPSILON«, »Ich lasse meine Bewertungen los und öffne mich für die Dankbarkeit – YPSILON«.

Es ist nicht wichtig, ob andere sich bei Ihnen bedanken. Was wirklich Ihr Leben verändern wird, ist Ihre Dankbarkeit, die Sie fühlen und ausdrücken. Wer undankbar ist, ist nicht glücklich, auch wenn er viel hat. Und wer dankbar ist, ist glücklich, auch wenn er wenig hat.

Tipps: Falls Sie gerade nicht in der Lage sind, Dankbarkeit zu empfinden: Erinnern Sie sich an eine Situation in Ihrem Leben, in der Sie Dankbarkeit gefühlt haben. Laden Sie sich mit Dankbarkeit auf und lenken Sie diese Dankbarkeit auf Ihre heutige Situation.

Übung:

- Machen Sie sich täglich mindestens ein Ereignis bewusst, für das Sie dankbar sein können. Führen Sie ein Tagebuch, beginnend mit den Worten: Ich bin glücklich und dankbar dafür, dass ...
- Finden Sie täglich eine Sache, für die Sie Dankbarkeit gegenüber Ihrem Partner empfinden, und teilen Sie diese mit Ihrem Partner. Alternativ: Machen Sie diese Übung mit Ihren Eltern, Ihrem Kind, Ihrem Kollegen etc.

Das Testen

Auch wenn Sie in dem Büchlein Vorschläge dafür erhalten haben, wie die Zeichen anzuwenden sind, ist es doch wichtig, dass Sie selbst prüfen, ob diese für Sie stimmen. Für das Testen bieten wir Ihnen zwei ausgezeichnete Möglichkeiten an: das Testen mittels Körperwahrnehmung und das Testen mit der Einhandrute.

Testen erweitert Ihre Wahrnehmung

Testen mittels Körperwahrnehmung

Vorbereitende Übung:

- Nehmen Sie wahr, wie Sie sich fühlen, und beschreiben Sie dies mit drei Eigenschaftsworten, z. B. leicht, wach, zuversichtlich.
- Stellen Sie eine Behauptung auf, die absolut richtig ist: »Ich heiße…« (Ihr Name). Fühlen Sie, wie Ihr Körper darauf reagiert und benennen Sie es. Zum Beispiel: In mir entspannt sich etwas!
- Stellen Sie eine Behauptung auf, die absolut falsch ist, zum Beispiel: »Es ist Winter!« (wenn gerade Sommer ist). Fühlen Sie, wie Ihr Körper darauf reagiert, und benennen Sie es. Zum Beispiel: Mein Bauch verkrampft sich!

Nun haben Sie sich selbst darauf geeicht, mit Ihrem Körper (wie bei einer Rute) richtig und falsch wahrzunehmen und können zur praktischen Anwendung übergehen:

Fühlen Sie in Ihren Körper hinein

Fragen Sie sich: Was ist los? Was fühle ich jetzt bzw. wie fühlt sich mein Körper? Finden Sie einen Begriff (oder auch ein Bild), das Ihrer momentanen Situation entspricht. Umschreiben Sie Ihre Gefühle. Zum Beispiel: Ich spüre Einsamkeit!

1. Überprüfen Sie Ihre Behauptung, indem Sie den gefundenen Begriff wiederholen und in Ihren Körper fühlen, ob er »ja« oder »nein« dazu sagt.
2. Gegebenenfalls umkreisen oder variieren Sie den Begriff oder das Bild so lange, bis Sie spüren, dass Ihr Körper zu Ihrer Behauptung »ja« sagt. Meist spüren Sie Ihren »Treffer« durch eine tiefe Entspannung Ihres Körpers.
3. Testen Sie das anzuwendende Zeichen ebenfalls mithilfe einer Behauptung. Behaupten Sie: »Das richtige Zeichen ist ein Sinus!« Wie reagiert Ihr Körper darauf? Fühlt sich Ihr Körper gut oder schlecht an? Ihr Körper hat die Antwort! Sie sollten mehrere Alternativen ausprobieren.
4. Testen Sie nun die Dauer und Häufigkeit der Wasserübertragung (siehe Seite 16) ebenfalls über Ihr gefühltes Empfinden.

Wichtig ist es, die Antworten nicht zu denken, sondern aus Ihrer Körperempfindung aufsteigen zu lassen. Empfinden bedeutet: In sich finden! Für das Gelingen der Umschreibung ist es wichtig, dass Sie den treffendsten Begriff finden, der auch wirklich einrastet. Die optimale »Diagnose« ist das Fundament für Ihre Veränderung. Mit fortwährendem Üben wird Ihre Körperintelligenz immer deutlicher und klarer zu Ihnen sprechen.

TESTEN MIT DER EINHANDRUTE

Nehmen Sie eine Einhandrute in die rechte Hand (Linkshänder in die linke Hand) und halten Sie sie entspannt vor sich. Wiederholen Sie immer wieder ein Wort, das für Sie eine positive Bedeutung hat, oder denken Sie an etwas Schönes. Beobachten Sie den Ausschlag der Rute und merken Sie sich ihn. Der Ausschlag, den Sie erhalten haben, steht für »ja« bzw. »verträglich«.

Danach denken Sie für einen Augenblick an etwas Negatives, Unangenehmes und beobachten wiederum den Rutenausschlag. Der Ausschlag, den Sie nun erhalten haben, steht für »nein« bzw. »unverträglich«.

Die Rute hat grundsätzlich zwei Möglichkeiten, ein »Ja« zu signalisieren:

- *Horizontal:* Menschen, bei denen ein waagerechter Ausschlag »ja« bedeutet, nennt man *»horizontal gepolt«*. Das »Nein« zeigt sich bei den horizontal gepolten Menschen als eine Auf- und Abbewegung der Rute, symbolisch: eine

Trennung zwischen dem Menschen und dem Objekt der Testung.

- *Vertikal:* Menschen, bei denen sich ein »Ja« in einem senkrechten Ausschlag zeigt, nennt man *»vertikal gepolt«*. Der Ausschlag ist in dem Fall mit einem Kopfnicken vergleichbar. Das »Nein« zeigt sich bei den vertikal gepolten Menschen als eine Links- / Rechtsbewegung der Rute, symbolisch: ein Kopfschütteln.

Bei horizontal gepolten schwingt die Rute	Bei vertikal gepolten schwingt die Rute
verträglich, positiv = horizontal, waagerecht, hin und her ←●→	↕● **verträglich**, positiv = vertikal, senkrecht, auf und ab
↕● **unverträglich**, negativ = vertikal, senkrecht, auf und ab	**unverträglich**, negativ = horizontal, waagerecht, hin und her ←●→

Nach erfolgter Eichung können Sie sich selbst die ersten Fragen stellen und durch die Rute beantworten lassen. Die Rute ist hierbei natürlich lediglich der Anzeiger, das Instrument sind Sie selbst (bzw. Ihr Unterbewusstsein).

Übung:

Mit der Rute kann jeder umgehen

Stellen Sie nun eine Frage, die nur eine positive oder negative Antwort zulässt. Nehmen Sie z. B. einen Apfel in die linke Hand (Linkshänder in die rechte) und fragen Sie sich: Ist dieser Apfel für mich verträglich? Welche Antwort erhalten Sie?

Testfähigkeit herstellen

Gelegentlich kann es sein, dass Ihre Testfähigkeit gerade nicht vorhanden ist. Dies kann daran liegen, dass Ihre rechte und linke Gehirnhälfte nicht miteinander verbunden sind, Sie auf einer geopathischen Störung stehen oder sich in einem Raum mit starkem Elektrosmog aufhalten. Auch psychische Belastungen können die Testfähigkeit verhindern. Um sicherzustellen, dass Ihre Testungen korrekt sind, empfehlen wir daher, vor dem Testen Folgendes zu tun:

- Ziehen Sie mit dem Fingernagel einen waagrechten Strich über Ihren Kopf, um beide Hirnhemisphären zu verbinden.
- Ziehen Sie einen senkrechten Strich am Hinterkopf, vom höchsten Punkt am Scheitel bis zum Atlas, dem Anfang der Wirbelsäule.
- Schauen Sie ein paar Sekunden das Elektrosmogzeichen an, um räumliche Störungen auszugleichen:

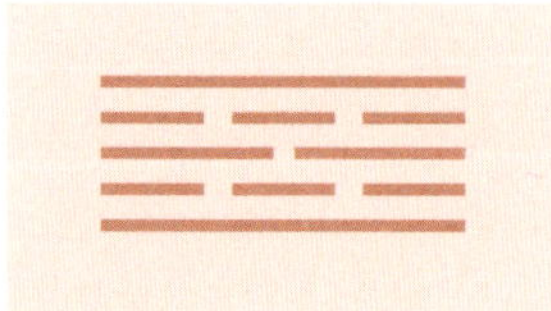

Danach ist die Testfähigkeit gegeben.

Ja- / Nein-Fragen

Wenn Sie ein Anliegen haben und die Zeichen anwenden möchten, dann fragen Sie mithilfe der Einhandrute Folgendes ab:

- Ist das Wort, das ich für die Wasserübertragung gefunden habe, das richtige?
- Ist der Sinus gut für mich?
- Soll ich die Wasserübertragung einen Tag lang anwenden? Soll ich die Wasserübertragung eine Woche lang anwenden? Soll ich sie einen Monat lang anwenden?
- Soll ich die Wasserübertragung einmal täglich vornehmen? Zweimal täglich vornehmen?

Wenn Sie eine Reihe von komplexen Zusammenhängen schnell hintereinander klären möchten, ist die Einhandrute dafür das einfachste und effektivste Hilfsmittel.

Absichtslos testen und vertrauen

Wichtig ist es, absichtslos zu testen, da Sie über den Verstand jedes Ergebnis (un)bewusst beeinflussen und dadurch auch verfälschen können. Absichtslos testen heißt, keine vorgefertigte Meinung zu haben. Dies muss geübt werden. Erwartungen und Vorprogrammierungen verfälschen das Testergebnis. Niemand ist komplett frei von Urteilen. Deshalb ist es entscheidend, dass Sie erkennen, wann Sie nicht absichtslos sein können.

Absichtsloses Testen ist entscheidend

Das andere entscheidende Kriterium ist Vertrauen. Denn obwohl Sie womöglich am Anfang Ihres Testens stehen und wissen, dass die Ergebnisse nicht immer korrekt sind, führt der Weg zum Erfolg über das Vertrauen in die eigenen Testungen. Vertrauen ist auch gleichbedeutend mit »befähigen«: Indem Sie vertrauen, beeinflussen Sie Ihr Umfeld positiv und optimieren Ihr Ergebnis.

Die Autoren

Layena Bassols Rheinfelder

Geboren 1958 in Barcelona, Mutter von zwei erwachsenen Kindern, lebt am Ammersee bei München. Sie ist Heilpraktikerin in eigener Praxis, Leiterin des Instituts für PraNeoHom® und Buchautorin. In liebevoller Begleitung erfahren Patienten und Kursteilnehmer, wie sie mithilfe der PraNeoHom® ihre Selbstheilungskräfte aktivieren können.
Zu Beginn des beruflichen Lebensweges stand ein Studium der Biologie. Danach folgten tiefe Prozesse der Selbstfindung und Meditation. Die Autorin bildete sich in verschiedene Heil- und Therapiemethoden aus und weiter, u. a. in der Neuen Homöopathie nach Erich Körbler. 2003 führte sie aus all ihrem Wissen ein neues Ausbildungssystem zusammen, welches auch online zur Verfügung steht: die Methode der PraNeoHom® – der Praxisorientierten Neuen Homöopathie, übersetzt: Heilen mit Zeichen. Frau Bassols Rheinfelder ermutigt Menschen dazu, der eigenen Wahrnehmung zu trauen und die wertvollen Techniken der PraNeoHom® praktisch anzuwenden. Weitere Bücher von ihr sind »Heilen mit Zeichen«, »Mehr Energie durch Heilen mit Zeichen«, »Heilen mit Zeichen für Tiere« und verschiedene Fachbücher zu dem Thema.

Klaus Jürgen Becker

Klaus Jürgen Becker ist Life-Coach und Lebensberater seit 1988 in Inning/ Oberbayern. Sein Studium zum Diplom Finanzwirt F. H. und seine spätere Tätigkeit als Prokurist bzw. Vertriebsleiter einer namhaften Bauträger AG und Unternehmensberater eröffneten ihm die Bewusstheit über die innige Beziehung zwischen innerer Geisteshaltung und äußerer Realitätsgestaltung.

In seiner Coachingpraxis öffnet er Horizonte für Menschen in herausfordernden Situationen und begleitet sie zu inneren und äußeren Lösungen. Er ist Autor bzw. Co-Autor zahlreicher Bücher, u. a. »Ikonen der Seele schamanische, wunderorientierte Aufstellungen und Rituale« und »Russische Informationsmedizin«.

Seit vielen Jahren ist er als Seminarleiter für radionisches Arbeiten, intuitive Wahrnehmung und die Arbeit mit Symbolen und Energien bekannt. Er schätzt Heilen mit Zeichen als einzigartiges Werkzeug für geistiges Arbeiten

www.klausjuergenbecker.de

Umschlaggestaltung von Gramisci Editorial Design, München / Claudia Geffert unter Verwendung eines Farbfotos von Shutterstock.

Mit 45 Farbzeichnungen.

Unser gesamtes Programm finden Sie unter **kosmos.de/nymphenburger**

Gedruckt auf chlorfrei gebleichtem Papier

Die Erstausgabe dieses Buches („Soforthilfe für die Seele") erschien 2011
bei der F.A. Herbig Verlagsbuchhandlung GmbH, München.
Aktualisierte Ausgabe

ISBN 978-3-96860-021-5
Projektleitung: Ramona Imhof
Gestaltung und Satz: Grafikdesign Storch/Ulrike Vohla
Produktion: Angela List
Druck und Bindung: Finidr, s.r.o., Český Těšín
Printed in The Czech Republic /
Imprimé en République Tchèque